Luis Carrillo y Sotomayor

Libro de la erudición poética

Créditos

Título original: Libro de la erudición poética.

© 2024, Red ediciones S.L.

e-mail: info@linkgua.com

Diseño de cubierta: Michel Mallard.

ISBN rústica: 978-84-9816-465-7.
ISBN ebook: 978-84-9897-978-7.

Cualquier forma de reproducción, distribución, comunicación pública o transformación de esta obra solo puede ser realizada con la autorización de sus titulares, salvo excepción prevista por la ley. Diríjase a CEDRO (Centro Español de Derechos Reprográficos, www.cedro.org) si necesita fotocopiar, escanear o hacer copias digitales de algún fragmento de esta obra.

Sumario

Créditos _____ 4

Brevísima presentación _____ 7
   La vida _____7

Liber unus de eruditione poetica, seu tela musarum, in exules indoctos a sui patrocinio numinis _____ 9

Libros a la carta _____ 49

Brevísima presentación

La vida

Luis Carrillo y Sotomayor (Baena, Córdoba, 1585-Puerto de Santa María, Cádiz, 1610). España.

Nació en una familia de la nobleza, era hijo de Fernando Carrillo y de Francisca Valenzuela y Faxardo. Estudió en Salamanca antes de iniciar la carrera militar en la Marina.

Fue caballero de la Orden de Santiago y comendador de la Fuente del Maestre. La poesía de Carrillo fue antologada por su hermano Alonso en *Obras de don Luis Carrillo y Sotomayor*, Madrid, 1611.

El *Libro de la erudición poética* (1611), de Luis Carrillo y Sotomayor es el texto que mejor describe los principios del culteranismo. Según Carrillo, los lectores cultos y minuciosos deberían interpretar, con extrema paciencia, las referencias y metáforas del texto en una y otra lectura. Cabe añadir que no se trataba de «oscurecer» la literatura, sino que se suponía que ésta era «oscura» debido a su profundidad.

Liber unus de eruditione poetica, seu tela musarum, in exules indoctos a sui patrocinio numinis

Libro de la erudición poética o lanzas de las musas contra los indoctos, desterrados del amparo de su deidad. Dirigido a don Alonso Carrillo Laso, su hermano

Al argumento deste libro, por don Alonso, su hermano

O ya, divinas ninfas, de oro el cielo
o del suelo habitéis cristal y selvas,
con laureles y olivas a porfía,
coronad sienes de un patrón famoso;
que los Castalios coros   5
jamás deidad plebeya,
con casto celo y sin profanas voces,
honra; y en tierno amor de España y ocio,
antigua reverencia
de sus sagradas lenguas   10
robando, restituye a su alto trono,
y la vil osadía
castiga de los rudos
—que sin colmada ciencia, enfurecidos,
infamaron la patria— así diciendo: 15
«De España las camenas
respetarán dichosas
de un hijo padre anciano a nueva gloria».

Aunque las claras aficiones y los años de estudio en Salamanca prometan, hermano mío —o por la grande autoridad de los maestros o honesta demasía de ejemplos—, más que colmados frutos de buenas letras, ni el amor de hermano, ni el acostumbrado camino consienten en mí el uno no lo olvide y el otro no lo ejercite; pues, según el padre de la humana elocuencia (acerca de lo cual será nuestra disputa), costumbres conocidas en los primeros alimentos, es dificultoso el olvidallas, imposible el no apetecellas. Amigas son del ocio las Musas, y ellas, madres del compuesto hablar. Esto parece me obliga a profanar sus no comunes secretos; pues va muy fuera de mí el arrogancia de presumir lo que le era lícito a una persona puesta en las obligaciones de su profesión, que solo en tan grandes hazañas como las del primer monarca de los romanos, pudo (y aun en él tuvo ésta gran lugar) allanar la mano, hecha al peso de una batalla y a las alas de una victoria, a la llaneza de una pluma y a sus desarmados niervos.

No quiero ser corto en solo el ejemplo de C. César, si ilustrísimo en su persona, mucho más en tantos y tan grandes varones. Descubrióse la providencia divina en la luz de la imitación de los príncipes. Y para que abrazándolo todo, con aventajada gloria, éstos: basten Moysén, padre de la historia, sabio de las divinas letras, gran general; el rey David, primero soldado con fuertes brazos, después con prudentes consejos capitán, resplandecieron sus versos y abrió el camino a la gala de su lengua; compuso el Salterio con la dulzura lírica, como en aquel verso:

> Psalterium lyrici composuere pedes.
> El Salterio pies líricos hicieron.

Convenció el mismo Dios en la virtud de sus escogidos varones las rudas lenguas de envidiosos, mostró —o ya fuese mayor virtud que humana, o a nuestra flaqueza gloriosísima— caber en un mismo entendimiento la ciencia de contemplar y el ánimo de pelear. En las fábulas de los antiguos halló por admiración en deidad su ejemplo esta virtud. También los mártires, o fuese ya afición suya o el espíritu encendido de Dios, despreciando los fuegos y el tormento, cantaron himnos; ni solo en este espíritu igualaron a su alegría, su amor, sino en las alabanzas su deseo.

Y así no será en esta parte muy desconocido este trabajo, no muy desviado a la profesión de las armas. Sirvan de ejemplo los que han acompañado con los desasosiegos de las ocasiones militares los sosiegos de las letras. Valerosas son las Musas, animosas son, no rehusaron los pesados brazos de Héctor, no los valerosos de Aquiles, no solo (como digo) aquestos hazañosos varones no las espantaron, antes ellas añadieron nervios a sus fuerzas y ruido (si así se puede decir) a sus golpes. Mientras más desacostumbrado en la naturaleza, mayor es la admiración. Responda Plutarco por mí: «Tersilla, argiva, muy bien nacida, como, por consejo de los médicos, para remedio de su mal, pidiese a los dioses socorro, se le respondió que sanaría si se diese a las Musas. A las cuales como con ejercicio ordinario se allegase, luego convaleció, y no solo buena salud, pero fortaleza y ánimo de un capitán alcanzó. No solo las Musas cantan, sino las armas también encienden». Por eso el gran Macedón, no en lira de convites, sino en trompeta de guerra apetecía oír su generosa envidia en los bonísimos versos de Homero. Y aquella valerosa mujer —de quien Plutarco, atreviendo su amor a igual alabanza de canto ardiente y de ánimo invencible—, «a Cleomenes, rey de los Lacedemonios, que con ordenado ejército a la ciudad de Argos se acercaba, con un escuadrón de mujeres, matando muchos, apartó; y al Rey Demarato, que estaba dentro, echó por fuerza de armas».

Eternidad y valor prometen las Musas, joyas, por cierto, bien preciosas; dos blancos o (por mejor decir) uno, donde tiran todos los honestos y valerosos deseos de este mundo. Con el tiempo andan olvidadas, y lo anduvieron tanto, que se atrevieron a profanar de sus sagrados templos las más preciosas joyas. Presume el vulgo de entendellas, él mismo pretende juzgallas. Contra éstos enderezo mis razones; contra éstos se atreven a desencerrarse estas pocas palabras. Mas, ¡qué mucho haya quien con semejante insolencia pretenda escurecer verdad tan conocida, si no falta quien le levante a Horacio la imitación, preciosísimo, o el más rico y costoso arreo de su cuerpo habérselo usurpado! Eurípides dio en los suyos alguna ocasión, más a los que maliciosamente se acuerdan de ellos, que no a los que presumimos de tan grandes poetas lo que sus mismas obras nos obligan.

Nuestra madre España, después de haber encubierto las antiguas desgracias con tan desacostumbradas vitorias al valor de los hombres, acordóse de sí, o (por mejor decir) sus hijos, colgando las espadas, tuvieron memoria de ella. Atreviéronse las plumas a hacer alardes de los ingenios. Tan parecida en esto a la antigua madre del valor antiguo, que no se sabe hubiese poeta en Roma antes de pasada la segunda guerra púnica, como lo afirma Ennio, no sin antigüedad en estos versos:

> Punico bello secundo, Musa pinnato gradu
> Intulit se bellicosam in Romuli gentem feram.

> Con presto paso, en la segunda guerra
> púnica, al belicoso pueblo y fiero
> de Rómulo ablandó la dulce Musa.

Mal entre el ruido de las armas suele escucharse a sí misma la pluma, y como todas las cosas de la paz y claras aficiones del ocio están debajo del amparo de la virtud guerrera, «al punto que sospechas de alborotos ocuparon los ánimos, luego las Artes todas callan». Mas no faltaron en nuestra España ánimos que, entre desasosiegos tan comunes, no estuviesen tan pobres de sosiego, que con felicidad notable aspiraron a igualarnos con los mayores poetas pasados y venideros. Entre éstos, dichosísimamente nuestro Garcilaso excedió las esperanzas de los italianos en cuanto a nuestra nación, y a los nuestros abrió camino, para presumir de tan dichosa osadía, frutos tan colmados como los suyos. Él fue, pues, el primero de nuestra profesión militar que ilustró con sus escritos a nuestra España; y aunque hubo otros, o por descuido suyo o ajeno:

> illos premet nox fabulaeque Manes.

Ha ido con tan notable exceso creciendo este loable estudio después acá, y ha tenido nuestra España sujetos, que, a haber acompañado con diligencia y estudio las fuerzas del ingenio, tuviera Italia acerca de nosotros menos ocasión de desprecio y más que temer a los lugares de sus Petrarcas y Tassos. Esto con la experiencia del tiempo y con la noticia que dél se adquiere, con la conocida ventaja que hasta agora respeto de las cosas antiguas se ha tratado, parece ofrecía la esperanza las manos, a dárnoslas presto en ejercicios de ingenio en el mismo lugar que las vitoriosas hazañas de nuestra nación han puesto el suyo con sus banderas y sus armas. Bien necesarias, pues, son estas plumas a la eternidad de tan famosos arneses y celadas. Dígalo el divino Píndaro en sus Isthmios, oda

Nam si quis praeclare aliquid dixerit in laudem alicuius, hoc incidit resonans inmortaliter, per quam tellurem omni fructiferam, et mare transit insignium facinorum radius inextintus. Semper nanciscamur Musas propensas ad accendendam illam facem hymnorum.

Porque si alguno dice bonísimamente algo de alguno en alabanza, cae resonando su inmortal grandeza sin morir este rayo, por el mar pasa y por la fértil tierra. Siempre alcancemos agradables Musas para encender la hacha de sus himnos.

Deste género de escribir, pues, ha habido hombres tan enemigos del derecho camino, o tan persuadidos (que es lo menos cierto) ser el verdadero el suyo, que a esta poesía pretendan robarle (como digo) todo el arreo de su persona, sin el cual (¡vergonzosa cosa, y poco casta!) parecerían las Musas tan deshonestas en sí, a los ojos de todos tan desnudas, pues no podían huir. ¡Oh nota de poca vergüenza o de mucha barbaria! Preténdenles, pues, quitar la elocución, que es desnudallas; mas no me espanto, pues desnudez de personas acostumbradas a vestir tan bien sirve de capa (a lo menos lo pretenden) a su ignorancia.

Diferente es el estilo del historiador al del poeta en cuanto al hablar; en él solo se diferencian estos dos diversos géneros de elocuencia: historia con fábulas es el argumento del poeta; historia lo es del historiador. Contradecir o defender una causa es de la persona del orador; eso en sus ocasiones, de la del poeta: Ovidio, en la de Ulises y Ayax; Virgilio, en la de Juno, Venus, Drances, Turno, y en otras muchas; Homero, en no menos lugares y ocasiones. Los demás poetas, ¿quién dellos hay que no abunde dellas? Si en el fingir, todos fingen. ¿Livio cuántas oraciones saca en sus Anales no pensadas de las personas en cuyos nombres se leen? ¿Tucídides, cuántas? El estilo, pues (usemos desta palabra), es los fines de entrambas a dos ciencias. Este, pues, aunque al principio inculto y rudo —según Scalígero en su Histórico—, después limado.

Éste fue el primer género de escribir, excusa de nuestros principios, no solo en el que tratamos, sino en el que conversamos. Del cual —supuesto que todas las cosas se comprendan debajo de necesario, provechoso y delectable— salieron diversos géneros de estilo, enderezados tan al común blanco como al otro. Deste primer principio necesario nació nuestro género de hablar; pues era forzoso quien comunicase con los hombres las ciencias, de cuya disciplina y establecimientos necesario había de seguirse la perfección de todas; pues era el instrumento por el cual habían de ver el rostro al buen discurso y saber; pues cuando no fuera más que la necesidad de buscar en otros —a lo que ella misma obliga— muestra la que se tuvo deste primer estilo. Deste, pues —habiendo alargado sus límites—, salieron por la utilidad, la Historia; por la necesidad, el sencillo hablar; por el deleite, la Poesía. Deleitó también a los principios, no atreviéndose su osadía más que a los teatros, mejor imitadora, en aquella niñez suya, de la tosca suerte de aquellos tiempos que de la sutileza de los nuestros.

Cobró vigor con la edad, y con el ejercicio, conocimiento propio. «De suerte que a la Historia se le quedó aquella sencilla manera de decir para contar las cosas hechas. La Poesía llamaron porque no solo con voces declaraba las cosas que hubiesen acontecido, sino también las que no acontecieron, imitando, como si fueran, como si pudieran ser, o como debieran forzosamente o con semejanza a verdad», como Aristóteles.

Esta fue la Poesía. Atrevióse después, y creció en tanto su valor que no consintió en sus términos menos que plumas muy doctas. De suerte que, como a la grandeza de las cosas a que llevaba grande espíritu se allegase la manera de decir grande y alta, los que contaron sencillamente hicieron solo versos, llamados versificadores. Pero los que igualaron con toda variedad, perficionando la imitación en su materia anchísima, fueron poetas, que o ya contasen o peleasen, o aquel mismo ánimo, encendido en ciencia y calor de divinas Musas, guiasen por cualquiera diferencia de virtud o acontecimiento, tomaron por laurel desta gloria el dichosísimo y bonísimo amparo de las Musas. Mal, por cierto, si ellos o sus Musas son descubridores de las cosas escondidas, las entenderán los que apenas conocen letras. Filósofos fueron los poetas antiguos y despreciando animosamente después las cosas naturales, emprendieron a las que la misma naturaleza no se atreve. Mas, dejemos esto para su lugar, pues es tanta la fuerza de la razón que pretendo, que aun en cosas de menor calidad pretendo convencer a mi contraria opinión.

Todas las cosas en este mundo reconocen a la razón por suyo el primer lugar; ésta siempre es el príncipe cuya voluntad es ley, pues no es sino la justa. ¿Qué cosa más hermana suya que apetecer su centro cualquier cosa? Obras son del entendimiento, trabajos del discurso. Éste para las cosas altas, para las cosas sutiles, ¡cuánto más noble es que esta cárcel de nuestro espíritu! Plutarco en el libro De las cuestiones de Platón: «Teniendo muchas potencias el alma junta con el cuerpo, con una discurre, participa de Dios, porque es divina, y contempla las cosas del cielo».

Como Ovidio:

> Os homini sublime dedit, caelumque videre
> iussit, et erectos ad sidera tollere vultus.

> Alto rostro dio al hombre, y ver el cielo mandó,
> y que a las estrellas levantase su cara.

La tierra para los brutos. Suyo es esto; nuestro, de prestado; descanso no más que para emprender con mayor aliento el camino de la eternidad. Razón es que trate nuestro pecho cosas dignas del huésped que aposenta; pues, según Manilio:

> An dubium est habitare Deum sub pectore nostro?
> In caelumque redire animas, caeloque venire?

> ¿Es dudoso que habita en nuestro pecho Dios?
> ¿Al cielo las almas (que vinieron del cielo) vuelven?

Mal emprenderá pecho acostumbrado a tan grande compañero cosas no dignas dél. Dígalo Lucano en César disfrazado: Indocilis priuata loqui, «no enseñado a hablar cosas de casa». Mal cosas grandes se emprenderán con palabras humildes. Podemos decir lo que san Jerónimo: Mollem ocio manum durus exasperat capulus, «la blanda mano con el ocio el duro puño hiere».

¿De cuándo acá el indocto presumió de entender al poeta, si antiguamente, aun para hablar bien, juzgó Cicerón ser necesarias las letras, y en alguno lo estimó alcanzar algo sin ellas por cosa muy parecida a milagro? Estas son sus palabras:

Era[n]t tamen quibus videretur illius aetatis tertius Curio, quia splendidioribus fortasse uerbis utebatur, et quia Latine non pessime loquebatur, usu, credo, [aliquo] domestico, nam litterarum admodum nihil sciebat.

Había a quien pareciese de aquella edad tercero Curio, porque usaba de muchas ilustres palabras y porque en latín no muy mal hablaba, con el uso, creo, de casa, porque muy pocas letras sabía.

Bastará disminuir un poco su arrogancia las canas desta sentencia, pues bastaba en esto el voto de tan grande hombre, y más arrimándosele el primero monarca de la Filosofía, Aristóteles, en estas palabras de natura universi:

Alia quidem certis indiciis signisque a natura discentes, alia etiam opinatione rationis auxilio, id quod probabile est, intellectu ducente, assequentes.

Unos animales, por ciertos indicios y señales, aprendiendo de la naturaleza; discurriendo otros con socorro de la razón, lo que es probable con el entendimiento alcanzando.

¿Qué más verdadero? ¿Qué más claro (como dice) con la ayuda de la razón? ¿Qué más probable si con razón? Como Séneca:

Hoc habet argumentum diuinitatis suae, quod illum diuina delectant.

Esto tiene por argumento de su divinidad deleitable las cosas divinas.

Habla del ánimo del hombre: Nec ut alienis interest, sed ut suis, «ni como en cosas ajenas, sino suyas se halla». Entenderáse esto de la poesía. El orador cuelga de la aprobación del pueblo; sus buenas o malas razones son los buenos o malos discursos; de quien dijo Séneca: Quod populus non probat scio, quod probat nescio. «Lo que el pueblo no aprueba sé, lo que aprueba no sé.» De sí el poeta se cuelga, y se es el oyente, él es el juez en su misma causa. Y así divinamente nuestro ciudadano «ni como en cosas ajenas se halla, sino en propias». Dejemos, pues, agora a los filósofos, y atendamos un poco más despacio a la proposición de Aristóteles.

Dice así su primer miembro: «Algunos animales, por indicios y señales, de la misma naturaleza aprendiendo». Abramos, pues, el libro de la naturaleza, el más docto y verdadero de cuantos hasta agora; con mil razones está aprobado lo que defiende. Maestra en todo, a todos sus animales pobres de discurso, y necesitados de poder alcanzar por él lo más conveniente a la conservación de sus vidas y cuerpos, proveyó con natural instinto o encubrió con él la falta de razón, para huir lo no conveniente a sus cuerpos. Éstos, mediante el cuidado de la naturaleza, por ella conocen de lo que han de apartarse y a lo que se han de arrimar. El hombre, como persona por sí bastante a estas y otras más empresas, y rico de otras más importantes, en esta parte quedó desierto y entregado a los brazos de su razón. Hallóse, pues, tan falto el hombre al conocer este mundo, que halló el filósofo el entendimiento parecido a la tabla rasa, que es lo mismo que lisa o sin pintura.

Aquí la misma razón que defiendo me obliga a arquear las cejas; pues, si aun de las cosas necesarias a la conservación de la vida, a la templanza de su cuerpo, salió el hombre tan desarmado, ¿cuánto más de las que tratan de los sentimientos del alma, de las cosas que, por ser su natural asiento aquél, más fácilmente le levantan a cantar de las estrellas que a humillarse a estos pobres techos? Dígalo Severino Boecio,

De consolatione:

Sunt enim pennae volucres mihi,

quae celsa conscendant poli;
quas cum sibi velox mens indidit,
terras perosa despicit.

Alas tengo ligeras, que del cielo
volaron lo más alto y más divino;
las que el entendimiento presto viste,
desprecia aborreciendo el bajo suelo.

Engañóse, por cierto, quien entiende los trabajos de la Poesía haber nacido para el vulgo, más entendieron, más intentaron, más alcanzaron. Dígalo el Lírico:

Odi prophanum vulgus, et arceo.

Odio el profano vulgo, y de mí aparto.

Razones han sido éstas bien naturales, no necesitadas de autoridad ninguna: ¿Qué mejor aprobación que el curso de cada día? ¿Qué más grave autor que la madre de todas las cosas? En buena filosofía, el impedido que no corre puede, quitado el estorbo, correr: censurará como los demás el poeta el que no lo hace, si estudiare, si aprendiere. Días ha aconsejó Apeles que nadie intentase cosa no ejercitada por él: Ne sutor ultra crepidam. «El zapatero no fuera de su trabajo.» Aun de los grandes hombres errores averiguados se reconocen con desconfianza y se reprenden con temor. Allá lo dijo el poeta Estacio:

Stat sacra senectae numine.

Por deidad de vejez está sagrado.

Mal se atreverá el indocto a mirar las obras del que no lo es. Dígalo el excelentísimo Estacio en la reverencia con que trató las cosas de Virgilio:

> Nec tu diuinam Aeneida tenta,
> sed longe sequere, et vestigia semper adora.

> Ni la divina Eneida así tú intenta,
> sino de lejos sigue, y siempre adora
> sus pisadas.

Cumplimos ya largamente con la obligación en que nos puso Aristóteles, y no nos podrá decir Firmiano:

Sapientiam sibi adimunt, qui sine ullo iudicio inuenta maiorum probant.

La sabiduría se quitan los que las cosas halladas por sus mayores sin ningún juicio aprueban.

Bien apoyada queda con tantas razones la mía, bien aprobada la de los antiguos. Esto dijo en la alegación dicha Aristóteles: «Con ciertas señales y indicios, de la naturaleza aprendiendo». Harto nos ha enseñado la naturaleza. No a pie enjuto, no sin trabajo se dejan ver las Musas. Lugar escogieron bien alto; trabajo apetecen y sudor. No en vano tomaron por defensa patrona tan valiente. No lo negó en su Arte Horacio:

> Multa tulit fecitque puer, sudauit et alsit.

Mucho sufrió siendo muchacho y hizo, sudó y padeció yelos.

No menos afirmó esto Estacio a su mujer:

> Tu procurrentia primis
> carmina nostra sonis totasque in murmure noctes
> aure rapis vigili; longi tu sola laboris
> conscia, cumque tuis creuit mea Thebais annis.

> En primeros acentos, tú, corriendo

mis versos y las noches murmurando
robas en vela; tú, del largo solo
trabajo sabidora, y con tus años
mis Thebaydos crecieron.

Divinos a este lugar (naturales en él) parecen estos versos del agudísimo Ovidio, atribuidos tan sabiamente a la persona de Ulises:

Artis opus tantae, rudis et sine pectore miles
indueret? neque enim clipei caelamina nouit,
occeanum et terras cumque alto sidera caelo,
Pleiadasque Hiadasque immunemque aequoris Arcton,
diuersasque vrbes, nitidumque Orionis ensem,
postulat vt capiat, quae non intellegit arma.

¿Soldado rudo y sin entendimiento
vistiera de arte tanta obra gloriosa?
No supo del escudo varios lazos,
el mar y tierras, ni del alto cielo
las estrellas Cabrillas y Virgilias,
ni del mar jubilado el Arctos claro,
diferentes ciudades, ni de Orión
resplandecïente espada; y pida
que se le den las armas que no entiende.

Bien abiertamente responde aquí Ovidio en persona de Ulises. Esto sintió este gran poeta; mas volvamos a las razones naturales.

Según el sujeto, así ha de ser la materia; según el artificio, así el artífice; consecuencia será, pues, clara que según la materia ha de ser el sujeto, y según el artífice, el artificio (trato en términos de perfección). Luego si según el artificio ha de ser el artífice, el artificio, según el poeta y los versos. Luego forzosa consecuencia será que el poeta incapaz de lo que se requiere para los versos no sea buen poeta. Arriba se probó haber sido llamados versificadores los que solo en medida fueron poetas, y por la misma razón los versos, estrechos a la capacidad del saber del Poeta; por la misma causa que no lo es bueno el artífice dellos, desigual a la grandeza que ellos requieren.

La misma naturaleza ha hablado en estas razones tan suyas por esta opinión tan suya; pues, aun ella misma envolvió en gran trabajo y discurso todas las cosas celestes, para diferenciarlas destas que tratamos con las manos. Este ejemplo era en sí suficiente, más desentrañando la proposición de Aristóteles, la cual tomamos en parte o en el todo deste discurso.

Porque, ya que en su primera parte pagamos por nuestro posible la deuda en que nos puso, por razones bien naturales y ajenas de cualquier afeite y compostura de arte, ellas han estado por mí; agora, pues, según él aconseja, se haga la censura. Si la primera parte della, «por ciertos indicios y señales, de la naturaleza aprendiendo», cumpliendo con la obligación —como hemos hecho— en que nos puso con la segunda, «unos discurriendo por el socorro de la razón, lo que es probable con el entendimiento alcanzando», cumpliremos esto; pues todas estas confianzas prestan justas causas. Desobligóse ya con sus razones la naturaleza, y tenemos entre manos un peligrosísimo género de disputa; pues, aunque no lo es, la razón en su nombre y con su rostro turbó su sosiego, cosas muy enemigas della. Vamos a la opinión, en fin incierta, y en lo más, variable.

De dos cosas trató el poeta enderezadas a un fin: enseñar —como arriba dije— deleitando, y haciendo a muchos con su pluma famosos, quedarlo él mucho más en opinión. Presumió con tanta razón ésta de sí Ovidio:

> Parte tamen meliore mei super alta perennis
> astra ferar, nomenque erit indelebile nostrum.

> Sobre estrellas eterno, por la parte
> mejor de mí seré llevado, y nuestro
> nombre será inmortal.

En este postrer verso se promete de la opinión de tantos: «y nuestro nombre será inmortal». No presumió menos Horacio, diciendo:

> Non ego pauperum
> sanguis parentum, non ego, quem vocas,
> dilecte Maecenas, obibo,
> nec Stygia cohibebor unda.
>
> No sangre de pobres padres,
> ni a quien, amado Mecenas,
> llamas, moriré, ni Estigia
> onda me cubrirá en nieblas.

Así lo siente Hesíodo:

> Donaui tibi ego pennas, quibus aequora vectus,
> et terras omnes pervolitare queas.
>
> Alas te di con que el mar
> volar y las tierras puedas.

    Destas alas no será muy fuera desto entender aquel lugar de Platón en Phedro adonde dice: Volandi naturam Dei maxime participem esse. «La naturaleza de volar participa mucho de Dios», cuando no sea más que con ellas hacerse exentos de la envidia; pues, según Plutarco: «Después que las cosas favorables vinieron a alteza, con el resplandor de su misma virtud, subieron a la cumbre de la envidia». Sintió lo que arriba Horacio.
    Desto, Papinio:

> Mox tibi, si quis adhuc praetendit nubila liuor,
> occidet, et meriti post me referentur honores.
>
> Si de nieblas agora invidia alguna
> te ofende, morirá, y después las honras
> te darán merecidas.

Y el enamorado Propercio:

> Quo me fama leuat terra sublimis, et a me
> nata, coronatis Musa triumphat equis.

> Donde la fama me lleva
> de la tierra en alto vuelo,
> y en coronados caballos
> triunfa Musa, en mí naciendo.

Nuestro Virgilio, con más razón que todos, previno profecía tan verdadera como la de su ilustre fama:

> Temptanda via est, qua me quoque possim
> tollere humo, victorque virum volitare per ora.

> Tentar quiero el camino por do pueda,
> vencedor, de la tierra, y por los labios
> de varones, volando, levantarme.

Y aun en su rudo siglo, Ennio dijo con una divina confianza:

> Nemo me lacrymis decoret, nec funera fletu
> faxit. Cur? volito viuus per ora virum.

> Nadie mi entierro con llantos
> honre, porque vuelo vivo
> por lenguas de varones.

Y por cerrar esta parte con la opinión de nuestro ciudadano Séneca (en esto como en todo, a pesar de envidiosos y menores de su ingenio):

«Sola hay en las cosas humanas esta obra a quien ni ofende tempestad ni consume vejez.»

Ésta fue la opinión que tuvieron de sí, tratando de las letras, con la doctrina que vemos; éstos, los cimientos en que fundaron tan firmes esperanzas contra el tiempo. Los efectos dice nuestra edad, haciendo profecías sus palabras. Opinión adquirieron con los buenos versos, tratándolos con las buenas letras: ellos lo pronosticaron. La fama no se les puede negar, ni a mí este argumento. La verdad de cualquier causa eficiente por sí, su certidumbre, ha de constar de sus efectos. Pues así es, que éstos (mediante el modo de escribir usado dellos) alcanzaron el fin último de los poetas, que es la fama; luego, todos los que siguieren sus pisadas de la suerte que ellos, tendrán igual fama con ellos. Forzosa consecuencia será, pues, que la Poesía usada de algunos modernos deste tiempo, siendo imitadora de los antiguos, será la buena, y imitándoles, se ha de tratar con su agudeza, elocuciones y imitaciones, y no ignorar de todas las ciencias los puntos que se les ofrecieren. Luego la Poesía fundada en contrario desto no será Poesía, pues en eso (como se ha probado) se diferencia el poeta del versificador, si es, como es cierto, que no se pueden dar dos cosas en un sujeto contrarias y juntamente verdaderas.

Cumplido se ha, pues, con el otro miembro de la proposición de Aristóteles: «Otros, con discurso y socorro de la razón, lo que es probable alcanzando». Veremos agora cuáles fueron los versos destos hombres, en confirmación de lo que presumieron dellos y de nuestro argumento. Pues, en esto, por la consecuencia de las razones alegadas, y proposición del príncipe de los filósofos, consisten los nervios dél, y no menos para la consecuencia pasada, donde dejamos probado haber de ser el poeta como los versos, y los versos como el poeta. Éstos, pues, fueron los unos; y éstos, los otros, de donde podrán conocer a entrambos, como dice el latino proverbio: Ex ungue leonem. Lucrecio puso en su libro cuarto:

> Auia Pieridum peragro loca, nullius ante
> trita solo, iuuat integros accedere fontes,
> atque haurire iuuatque nouos decerpere flores,
> insignemque meo capiti petere inde coronam.

A mí lugares altos, ni de otro
pisados, de Pïérides agrada,
y a las fuentes llegar y beber puras,
nuevas flores coger, y a mi cabeza
agrada dar corona insigne y flores.

Y de paso me pareció advertir el descuido de Lambino en esta corona, pues haber pasado tan ligeramente por ella da ocasión a que imaginemos la tuvo por de las artificiales, obligándonos a creer lo contrario Horacio:

O, quae fontibus integris
gaudes, apricos necte flores,
necte meo Lamiae coronam,
Pimplea dulcis.

Oh tú, que las vivas fuentes
gozas, y las frescas flores
tejes, a mi Lamia, ioh Pimplea
dulce!, teje una corona.

Debió de ayudarse en esto de Eurípides en su Hipólito:

Tibi hanc corollam diua nexilem fero,
aptam e uirentis pratuli intonsa coma,
quo neque proteruum pastor umquam inigit pecus,
neque falcis umquam venit acies improbae
apis vna flores vere libat integros,
puris, honestus quos rigat limphis Pudor,
illis, magistri quos sine opera, perpetem
natura docuit ipsa temperantiam,
fas capere illinc; improbis autem nefas.
at tu aureae regina vinculum comae,
amica suscipe, pia quod pergit manus.

25

Y en éstos también:

> Vnde metens violasque et purpureos hyacinthos,
> intactasque rosas, immortalesque amaranthos,
> non prius audito, texam tibi more corollam,
> quae, damnosi expers senii, tua tempora circum
> ardeat, aeternoque nitens, scintilet honore:
> donec ab aequoreis ignotos fluctibus ignes
> clara Ariadneae rutilabunt signa coronae.

Y así «los poetas, usando de alegoría artificiosa, llaman sus poemas coronas, con las cuales se coronan y honran». Mal por cierto desentrañará esta facilidad de Lucrecio (pues así se ha de llamar, respecto de lo que escribe) quien no las hubiese habido muy de veras con la misma antigüedad y humanas letras, éstas para lo fácil y lo llano. Pues me persuado haber despreciado Lambino por claro este lugar, llamándole los que agora veremos, compañeros de los versos alegados. Volviendo a nuestro Lucrecio:

> Primumquod magnis doceo de rebus, et arctis
> religionum animum nodis exsoluere pergo.

> Primero yo el saber grandes cosas
> enseño, y también quiero religiones
> del ánimo apartar.

Notable atrevimiento le dio el arte; pues con ella solo quiso confundir la cosa más evidente de la naturaleza. Negaba la providencia, no de su opinión, de la de Epicuro. Según Cicerón: «Escribió un libro de la piedad Epicuro, de suerte que a Coruncano y a Scévola, pontífices, te parecerá oír, no a aquel que quitó toda la religión, ni con manos, como Jerjes, sino con razones, de los dioses inmortales los templos y aras derribó». Éstas, fuerzas de la elocuencia; éstas, del artificio.

Eurípides: «Muchas veces el vencido en la elocuencia, aunque diga bien, es tenido en menos que el elocuente». Capacidad para cosas de veras halló en los versos. No mereció estima Lucrecio diremos si seguimos la opinión contraria de la nuestra. ¿Quién lo entenderá? ¿Cómo deleitarán versos que acarrean consigo la necesidad de tanto estudio, obligación de tanto cuidado? Pues famoso ha sido, inmortalidad ha sacado por justicia su nombre a fuerza de sus estudios. Bástele para elogio de sus obras haber merecido, por conquistador de los agravios que había introducido en sus libros la edad, aquella admiración de la lengua romana y envidia de la griega, Cicerón.

Dirán agudamente algunos, o inferirán (¿quién lo duda?) del error de la opinión, cuán poco acertado le fue al poeta ocupar sus versos en tan grave materia. Valedores tuvo esta opinión, y no pocos antiguamente; baste, en nombre de los demás, Plinio, filósofo, lib. 2, capit. 7; y cuando no lo fuera, excusa el desacierto la dificultad de la materia, califica el ingenio atrevimiento tan alto. Así a este propósito, Aristóteles: «Aunque estas cosas mortales y inferiores, más cercanas a nosotros y más amigas, podamos conocer mejor, aquellas cosas altas por su virtud, aunque se conozcan más livianamente, más deleitan».

Excusamos bien a la ligera la opinión de Lucrecio. No fue él solo quien con semejante compostura vistió cosas tan graves; diránoslo estos versos que refiere Clemente Alejandrino de Cleantes:

> Si quale sit bonum rogas, ita accipe,
> est ordinatum, et iustum, et sanctum, et pium,
> sui potens, commodum aliis, pulchrum, decens,
> rectum, atque constans, semper autem conferens,
> expers metu, dolore, curis omnibus,
> iuuans, benignum, stabile, amicum, amabile,
> honore dignum, confitendum,
> et gloriosum, non superbum quod gerit,
> curam omnium placens, et viribus valens,
> vetus culpae inscium, semper manens.

> Si pides cuál sea el bien, así recibe:
> es piadoso, ordenado, justo y santo,
> hermoso, poderoso, acomodado,
> derecho es y decente; siempre firme;
> de miedo, de dolor y de cuidados
> vacío; ayudador, afable, estable,
> amigo, amable y digno de decirse;
> glorioso y no soberbio, lo que hace
> en cuidado de todos agradando;
> valiente en fuerzas y de culpa libre,
> permaneciente por virtudes raras.

Deseo más que mediano sería de mostrarse, tratar de las dificultades deste o cualquier poeta, tan ajena de cualesquiera que no fueren muy hijos de las buenas letras. (Llamo así aquellos que emprenden semejantes materias por sujetos, o de los épicos, pues dellos entendemos lo que tratamos en este discurso, dejándole su lugar a la materia lírica y cómica, diferentes en muchas partes desta.) No solo los arriba alegados pusieron por efeto cosas tan altas; Manilio, ¡doctísimo en cuántos lugares!, ¿qué punto se le esconde de su Filosofía y Teología? Díganlo estos versos:

> At neque terra patrem nouit, nec flamma, nec aer,
> aut humor faciuntque deum per quattuor artus,
> et mundi struxere globum.

> Ni padre conoció la tierra y fuego,
> ni el aire, ni el humor, por cuatro miembros
> a dios hicieron y del mundo el globo. (sigue)

Opinión de los estoicos, y según beato Renano, bien reída de Séneca, en sus anotaciones: «Del dios de los estoicos se burla como de un monstruo».

He traído estos lugares para mostrar fue esta opinión de los estoicos, y para entender en los poetas las buenas letras cuánto sean necesarias, y las que tuvieron los que intentaron cosas puestas tan en la frente (digámoslo así) de la misma naturaleza.

Ovidio, pues, el fácil, el llano, ajeno de cualquier dificultad en sus escritos, y aun por eso menos estimados, pues afectándola vino a caer en este vicio de vulgar, según Francisco Flórido, Lectionum successiuarum, libr. 2; que este poeta casi de todos como lascivo reprehendido, no es otra cosa que en escribir haber tomado palabras de la común manera de hablar, que Virgilio, Tibulo y Propercio no dijeran. Éste, pues (dejando aparte otras dificultades más tratadas, y por eso más conocidas), dice en su primero libro:

> Qua postquam euoluit, caecoque exemit aceruo
> [...]
> ignea conuexi vis, et sine pondere caeli
> emicuit, summaque locum sibi legit in arce.

> Después que las semillas desenvolvió y escura
> confusión desató [...], por la otra parte
> del hueco el fuego resplandece claro,
> y sin peso escogió del alto alcázar
> sumo lugar.

Lugar al parecer bien claro: el fuego ocupó, como materia más sutil, el mejor lugar. Estoico era nuestro poeta y gran filósofo; estos versos suyos lo declaran, pues fue opinión de su secta no ser el mundo dios, diferente en esto de otros muchos. Fue desta su opinión Renano en el lugar alegado, tratando del mundo: «Pitágoras y los estoicos: haber sido criado, pero por su naturaleza ser jubilado de muerte». Y así claramente:

> Sic ubi dispositam, quisquis fuit ille deorum,
> congeriem secuit.

> Así quienquiera fue que de los dioses
> la compostura de las cosas hizo.

Bien claramente aquí contradice la opinión de los filósofos que tuvieron al mundo por dios. Y el otro miembro, «de muerte jubilado», en persona de Pitágoras:

> Non perit in tanto quidquam (mihi credite) mundo,
> sed variat, faciemque nouat.

Estoico fue, bien está probado, pues entre los tales por dios conocían al fuego. Plutarco y Estobeo: «Los estoicos dicen ser dios un fuego artificioso, que va por camino a la generación del mundo». Y Hipócrates: «Paréceme que lo que llamamos fuego o caliente es inmortal».

Luego, evidente cosa siendo estoico Ovidio, dándole al fuego tan eminente lugar:

> Y sin peso escogió del alto alcázar
> sumo lugar.

Haberle tenido, en los versos alegados, por dios, pues ese alcázar (que tal lo llama) le es lugar dedicado. Y así Estacio, Thebayd. 3: Arcem hanc aeternam, «Aqueste eterno alcázar». Y aclaró más su opinión en llamarla «suma», la más alta, pues a quien tanto supo no se le escondería haber cielos más eminentes; que a ese elemento, lugar le dio de dios. Homero aclarará más esta duda en su Ilíada:

> Concilium cogit diuum pater, atque hominum rex,
> qua suprema sita est stellantis regia caeli.

> De los hombres el padre y rey llamaba
> a su junta los dioses por la parte
> que el palacio estrellado al sumo cielo
> se extiende.

Aquí llamó también la morada de dios la más alta. Luego si el lugar de dios es supremo alcázar, o palacio supremo, según Homero, y a dios le llaman los de su secta fuego, claramente se entiende aquel verso de dios. Y tal entendió Ovidio, pues le llamó fuego, atributo por el cual él conocía a dios, como los de su secta, confirmando lo que escurecía con el nombre en darle el lugar que todos los demás han reconocido a Dios, a saber en el cielo el más eminente.

Deseo de ostentación —y reprehendiendo vicios, hacernos compañeros suyos— fuera sin duda intentar por menudo tan doctas dificultades, y arrogancia bien fuera de mi profesión y letras. Allanemos más la pluma, busquemos en su misma llaneza destos graves autores las inaccesibles dificultades que pusieron a todos aquellos que no fueren muy legítimos hijos de las buenas letras. En el segundo, pues, de su Thebayda:

> Seu Pandionio nostras inuisere caedes
> monte venis, siue Aonia deuertis Ithone
> laeta choris, seu tu Libyco Tritone repexas
> lota commas, qua te biiugo temone frementem
> intemeratarum, volucer rapit axis equarum.

> O a ver nuestros estragos, diosa, vienes
> del Pandionio monte, o te diviertes,
> alegre, en coros de la Iton Aonia,
> o en el Tridente Líbico, copetes,
> peinando, lavas, do el timón bramando
> de castas yeguas, que en ligero eje
> te arrebata.

No mereció en Estacio nombre de escuro este lugar, no siéndolo. No lo es; fuera sin duda vicioso con semejante mancha. Negaránme la necesidad de historia, la falta que hará la lección no ordinaria, curiosa, digo, a cualquiera que pretendiere desenlazar estas palabras. Ellas mismas lo dicen, y en esto confirman ellas mismas lo que rehúsan la censura del vulgo. La dificultad que podrá causar allana Plácido Lactancio; y aquí donde se descuidó un poco, yo, si acertase, en su lugar. Y antes no quiero dejar en blanco estos renglones de Adriano Junio, Animaduersorum, lib. 2:

«Bebió nuestro poeta las fuentes con ser apartado del vulgo profano.»

Éste, pues, fue el verso que se le escondió a nuestro Plácido:

De castas yeguas, que en ligero eje
te arrebata.

Discretísimo anduvo Firmiano, pues tuvo a mayor agudeza, como lo fue sin duda, no tocar el verso que ofenderlo con alguna declaración no tan legítima. Harpocración, grave entre griegos: «Minerva, la que dijeron andar a caballo, fue hija de Neptuno y de la ninfa Polifa, que tuvo por padre al Océano; aquésta (como en el primero de Europa Manasias cuenta) hizo un carro». Satisficimos, entiendo, a los deseos de Papinio. Dejemos, pues, las historias; vamos a las palabras, según Aristóteles, explicadoras de los conceptos. Aun éstas las negó el príncipe de los poetas a todos aquellos no muy cercanos a las buenas letras:

Cymothoe simul, et Triton innixus acuto.

Cimothoe y Tritón con hierro agudo
forcejaban.

Y dejando a Natal Comite y Giraldo, Syntag. 5, que sobre peine entienden estos lugares, referiremos a Pedro Nanio: «Tritón, deidad de las olas, que en griego "Trito" se dice, y Cimothoe. Estas dos deidades las naves que encallaron libran, y de la fuerza de las aguas al mar vuelven fácilmente». No con facilidad se dejarán conocer estas cosas de los no muy verdaderos sucesores de las buenas letras, y ellas menos recogerán debajo de su amparo a aquellos que en desvelos no hubieren calificado las intenciones de su ingenio con ellas.

Hubo, entre aquella copia de ilustrísimos ingenios, en Roma uno, milagro de los demás, o cuando no, de los más excelentes por lo menos: fue aqueste Craso, que bien conoció el lugar que merecía acerca dél la opinión de los no muy doctos. Hablando en su persona Cicerón, en el primero De Oratore: «Pues como pidiese magistrados, al rogar solía de mí apartar a Scévola y decirle que quería ser impertinente. Esto era pedille más blandamente lo que, si no se hiciera impertinentemente, no se hiciera bien». Necesitado el agudísimo varón del favor de sus personas, lisonjeaba con la semejanza de palabras a los oídos de los apasionados dellas. No solo en los poetas diferente el estilo; no solo en ellos se admitió el hablar en otra lengua —que en otra lengua afirma hablar el príncipe de la elocuencia romana, aunque no por alabanza, sintiendo no haber alcanzado todas sus alabanzas su lengua: «Me parece los poetas han hablado en lengua ajena»—; pero en la comunicación de las mismas plazas, en el ordinario concurso dellas, diferenciaban aquellos antiguos varones, en la manera del estilo, la suerte de la calidad y del ingenio, de los que poseían ambas a dos cosas desigualmente. Alciato, Praetermissorum, libro, con Apuleyo: «Preguntó a mi señor un soldado dónde llevase el asno vacío. Mi señor, de la plática latina ignorante, callando se paseaba; por lo cual, como fuese rempujado del soldado, el hortelano respondió humildemente: "Por no saber la lengua no poder responder". Pues, como el soldado otra vez preguntase dónde llevase el asno, respondió el hortelano que iba a la ciudad más cercana». Y así entiende Alciato discretísimamente la diferencia del lenguaje entre doctos y vulgar gente, pues era la causa de no entender «¿dónde llevas el asno?» el mal uso acerca dellos haber prevalecido bárbaramente, hablar con aquella viciosa sencillez «¿dónde llevas el asno?». Pues si a aquestos les desvió la diferencia de su trato y ocupación de la mediana elegancia (que así se llama aquella que se usurpa en el hablar ordinario), ¿tan desusado delito será, tan nunca vista opinión, defenderse también a los desnudos de las buenas letras, y de algún diligente cuidado acerca de los versos, la claridad que ellos por sí tienen? No, por cierto. Lícito le fue al soldado y cortesano un género de hablar diferente y no compañero al del hortelano y labrador; lícito le será al poeta, y todo diferente género de lenguaje que el ordinario y común, aunque cortesano y limado; no en las palabras diferente, en la disposición dellas, digo en su escogimiento. ¿Por qué razón no le obligará a novedad tanta variedad de tropos si no conociere su galantería con el curso del estudio?

Cada vez que procuro con la desnudez de mis razones mostrar la razón que defiendo en esto, me arrebatan esta intención de las manos gravísimos autores. Dígalo Pontano sobre Virgilio, cap. 7: «Los poetas de la común manera de hablar y costumbre del vulgo se apartan; apártase grandísimamente Virgilio con helenismos, y por la elegancia, de la cual es maestra y madre la lengua de los griegos». Y aun en esto por poeta se diferencia de los demás oradores. Y así Cicerón en su libro De oratore, adornando al que lo fuere perfecto de diversas galas de diversas ciencias, le concede las palabras casi de poetas». Y en otra parte confiesa ser el poeta «en números más apretado y medida; en licencia de palabras más libre». Quien no está acostumbrado a oír estas licencias, ni esta nueva disposición de palabras ¿por qué será el pecado del poeta no entenderlo?

¿No será más justo de su flojedad y de su ignorancia? Diferentemente hemos de hablar, y así ha de ser algo cuidadoso el entendernos. Cuál haya de ser esta diferencia, el príncipe del Arte en estos versos nos lo enseña:

> Primum ego me illorum dederim quibus esse poetas
> excerpam numero; neque enim concludere versum
> dixeris esse satis neque, si quis scribat, uti nos,
> sermoni propiora...

> Lo primero me diera a los que estudian
> ser poetas, ni basta hacer los versos
> dirás; o si vulgares escribieres,
> más propios a mis pláticas y sátira... (sigue)

Confesó aquí la humilde suerte de estilo que seguía en su sátira, y cuánto diferente era la del docto poeta, aclarando en estos versos más su intención:

putes hunc esse poetam.
Ingenium cui sit, cui mens diuinior atque os
magna sonaturum, des nominis huius honorem.

piensa aquél ser poeta;
cuyo ingenio, divino, y boca grandes cosas suene,
y a éste de tanto nombre des la gloria.

Bastará aquesta censura; bastara confesar Horacio no merecer el nombre de poeta solo un ordinario correr de versos, bastará (dúdolo, por cierto) el afirmar haberse de desviar del estilo que ordinariamente usamos en nuestras conversaciones. Démosle aún más policía: ni como el que usan los oradores en su persuadir. ¿No lo confesó más arriba: «las palabras casi de poetas»?

Pues Quintiliano no es razón lo dejemos tanto de las manos, pues será la más acertada guía que en este género de dificultad podemos escoger:

«Acordémonos con todo eso que no de todo punto ha de seguir el orador a los poetas, ni en libertad de palabras, ni licencia de figuras; y todo aquel género de estudios, para ostentación, y también de aquellos que solo tiene deleite; y lo que en fingir, no solo cosas falsas, sino algunas cosas increíbles sigue; y lo que atado a cierta necesidad de pies no puede siempre usar de propios, sino, echado del derecho camino, se acoja a algunos socorros de decir, cuando no solo mudar las palabras, sino extendellas, acortarlas, volverlas, dividirlas les es fuerza.» ¿Qué les podremos responder a estas palabras? ¿Qué a las canas de tan grave autor?

¿O qué a una razón acompañada de tan discretas canas? Aun en el orador, de más llano estilo que el poeta, más compañero al ordinario género de hablar, tratando de sus palabras: «Ni yo quisiera que las armas con orín se envejeciesen, sino que tuviesen resplandor para espantar, como del hierro, que sacude la vista, no como del oro y plata, que a quien lo trae en las batallas es peligroso». Ni aun a tan ciega vista aqueste tan demasiadamente apacible resplandor dejara de tener nombre de excesivo.

No se contenta Marco Fabio, ni yo; pues tan a la mano me ofrecen sus trabajos confirmaciones de mi verdad. Persuade al orador se recate del estilo de la Historia: «Está cercano a los Poetas, y es en alguna manera verso suelto, por eso, con palabras más apartadas y más libres figuras, evita el enfado de contar». Éste es el retrato de la Historia; para muchos se escribe, de muchos se lee. Pues aun esta persona tan común (usemos desta palabra), tan manoseada de cualquier suerte de gentes, admite en su lenguaje palabras algo apartadas del común uso, y figuras también exentas del conocimiento ordinario. Arriba nos lo dice Quintiliano, y agora juntamente: «Y así, como dije, la brevedad Salustiana, en los oídos vacíos y eruditos, perfecta, acerca del juez, con varios pensamientos ocupado y muchas veces rudo, tenemos de evitar». Aun a aquella prosa menos cultivada, más llana que la majestad acostumbrada de nuestros versos, aun a ésta, como digo, nacida para lo común, criada para en lo público, le desea un juez con oídos eruditos y vacíos. Ésta es la prosa; más necesario será sin duda al verso, ¿cuánto más no se ve? Aun de los lugares a quien suceden estos renglones se colige, donde: «echado del derecho camino, se acoja a algunos socorros de decir, cuando no solo mudar las palabras, sino extenderlas, acortarlas, volverlas, dividirlas, le es fuerza». ¿Merecerán todos estos disfraces del hablar común nombre de escuros? No, por cierto.

Aun más aprieta esta opinión misma en su capítulo: «Y así a los poetas demos licencia destos ejemplos:

> Qualis ubi hibernam Liciam, Xantique fluenta
> deserit, et Delon maternam inuisit Apollo.
>
> Como cuando la i[n]vierna Licia y corrientes del Janto
> deja, y visita Apolo a su materna Delo.

No será decente al orador dar a entender cosas claras con escuras.»

Aun lo que se añade a una cosa para más claridad della misma, confirma Quintiliano poder el poeta mostrallo con cosas algo escondidas.

¿Por qué no será lícito a las que no carecen de alguna obligación de explicarse aclararse menos? ¿Será vicio en ellas algún mediano género de dificultad? No, por cierto. Dijéramos, sin saber el nombre, merecer este dicho un tan agudo entendimiento como el de Erasmo: «No me indigno si me ponen delante lo que no entiendo, pero huélgome se me ofrezca cosa que aprenda». Efetos son del buen hablar dificultar algo las cosas. Esta costumbre tuvieron los antiguos. El mismo Erasmo: «Habrá en los libros de los doctos cosa a que resista el plebeyo lector». Pero qué mucho, si según el padre de la misma Filosofía, Aristóteles, en su Arte, cap. 2: «La dictión y [a] las costumbres [y] a las sentencias que por sí son bastantemente claras suele cubrir». Halla a la dictión, que es a la suerte de hablar que en el estilo se usa, este género de naturaleza.

No pretendo yo, por cierto, ni nunca cupo en mi imaginación lugar a aprobar la escuridad por buena: el mismo nombre lo dice, sus mismos efetos lo enseñan. No sigo al preceptor, que, dice Quintiliano, respondió a su dicípulo: «Tanto mejor, ni aun yo lo entendí». Sé cuán abominable sea, y cuánto más a los más agudos entendimientos, a los más acertados oídos.

Aquella templanza persuado que Aristóteles, aquella que todos los que en este género de ejercicio; por su trabajo y entendimiento mereció lugar su voto entre los primeros. Bien sé que se ha de usar con discreción en sus lugares de las agudezas o dificultades que arriba he propuesto, mas ¿qué cosa no se ha de tratar con ella? Bien sé lo que aconseja en el cap. 21 el autor citado: «Si alguno, pues, estas cosas juntare, [...] o hará enigma horaciano, que se compone de cosas nada entre sí convenientes». Pongamos el ejemplo, no haya quien nos quiera hacer enigma todo aquello que no lisonjeare a su paladar. «Vi un varón que pegaba con fuego hierro, en otro pegado uno»: ésta será la enigma, y ésta la escuridad; mas no «Como cuando la invierna Licia y corrientes del Janto deja, y visita Apolo a su materna Delo», pues aunque es necesitado el lugar de historia para entenderse, no deja menos que destos tratarse la Poesía. Ángelo Policiano, capítulo cuarto de las Misceláneas: «El que toma interpretar un poeta, no solo, como se dice, a la luz de Aristófanes, sino de Cleantes; no solo abrazar las familias de los filósofos, sino de jurisconsultos, médicos y dialécticos, y todos aquellos que hacen aquella redondez de doctrina que llamamos Enciclia, y de todos

37

los filólogos. Ni han de ser solo miradas, sino remiradas de todo punto; ni de la puerta vistas, sino hasta lo más escondido, y íntima y más amistad».

Todo esto se usurpan las palabras de un Horacio, las consideraciones de un Homero, las sentencias de un Virgilio, espíritu de un Lucano, el calor algunas veces mayor que sí mismo de un Papinio; de un Valerio Flaco la pulidísima y cultivadísima musa; de un Claudiano el grande ardor y limados versos. Testigos, sus libros; salgan en medio sus obras, famosas fueron; arrebataron a la muerte sus estudios su nombre. Con estos puntos de Filosofía, [Aristóteles] ¡en cuántas partes alaba a Homero! ¿No lo conoce perfectísimo en todo, pues es el ejemplo que en su Arte Poética nos pone?

Ni solo los que como filósofos, o maestros de las humanas letras, sino también los jurisconsultos, Papiniano —digo—, y Ulpiano, y los demás, estimaron a Homero por aventajadísimo, honrándole con diferentes nombres de alabanza de su arte: Egregius, summus, praecipuus. También los emperadores usaron desta manera de decir alabándole. Y lo que es más de admirar que, en cosas donde pudieran algunas veces, rara sea la autoridad destos autores acerca de los jurisconsultos, como Hipócrates, Platón, Cicerón, Crisipo, Demóstenes ¡y cuántas veces Homero! Solo éste uno por todos es. Si en los escritos que tenemos de los jurisconsultos, largamente, como lo pedía la ciencia del Derecho, y se escribiera de aquellas cosas bonísimas, derecho divino, leyes públicas, maneras de gobierno en sus leyes ¿qué mucho de ordinario ser en su boca Homero, si toda la divina obra está llena destas cosas? Pero tanto hubo que aprender de aquel fertilísimo ingenio que, si ocupados en aquellas cosas solo los jurisconsultos, allí también hallasen a Homero: en contrarios parentescos, derecho de sangre, donaciones, delitos, propiedad de palabras. De aquí, pues, se entiende que no tratamos del vulgar poeta, en tanto como profesa el grande; [d]el vilísimo, sino del docto, lleno de todo género de arte y ciencia para que aspire a ser príncipe. Que si Homero con estas armas alcanzó tal gloria y mereció tan noble lugar acerca de todos, ninguno, si no es el que se confiare de semejantes fuerzas y de aquella virtud para una aventajadísima, podrá ser poeta, el que queremos, bonísimo.

Así yo esa manera de escribir alabo, esa seguiré, si, como fuere razón escribir, escribo. Horacio, príncipe en su género, ¿quién se le opone?,

¿quién le nota? Pues se atreve Dionisio Lambino a sacalle por competidor de la gloria de Virgilio. ¿No usó elocuciones? Díganlo sus libros. ¿No de historias? Díganlo sus comentadores. Esta manera, pues, de escribir defiendo, ésta estimo. La claridad, ¿quién no la apeteció? ¿O quién tan enemigo del parecer humano que osase preferir la noche al día, las tinieblas a la luz? Esa se debe a los buenos versos, deuda suya es conocida; mas ha de ser tal como la que los padres desta ciencia han deseado, como los que tan ilustre nombre merecieron. ¿Cuánto más derecho camino será olvide el ignorante su ignorancia, que el poeta que lo fuere, aquella suerte de hablar que ha ocupado oídos tan discretos, en que se han esmerado tan diestras manos? No es bueno le ofenda la escuridad del poeta, siendo su saber o su entendimiento el escuro. ¿Qué milagro si, envuelto en la noche de su ignorancia misma, le parezcan tales las obras de los que leyere?

No me huye a mí la moderación que se ha de guardar en esto y la templanza; los vicios que engendra o ya la demasía de las figuras, o ya el demasiado cuidado de las palabras o confusión dellas. ¿Los epitectos, quién niega ser elegantes?, ¿y quién no juntamente viciosa su demasiada copia? No apetezco yo que el poeta siempre sea filósofo, que en algunas partes lo sea; no siempre redundante en sus figuras, pero no estéril. Mas ¿de qué sirve cansarnos en poner límites a tan extendida profesión, pues nos podemos contentar con las palabras de nuestro español Marco Fabio?:

«Pero la abundancia tiene tasa, sin la cual nada es loable ni saludable, y aquella blancura desea varonil adorno, y la invención, juicio; así serán grandes, no demasiadas; altas, no cortadas; alegres, no lujuriosas; gustosas, no en burla sueltas; llenas, no hinchadas.» Éstas sean nuestras, y estas palabras, significadoras del concepto que defiendo. Mas ¿quién quita que nos pretendan torcer esta fuente a su propósito? Aclaremos más a Quintiliano con sus mismas palabras, no dejemos lugar desarmado a la curiosidad de nuestros contrarios, vicio bien común a gente ociosa.

Cicerón (no es aqueste lugar de sus alabanzas) no se escapó, ni pudieron las alas de su ingenio usurpalle de la vista de sus contrarios, «al cual se atrevían a reprehender como hinchado y asiano, [...] porque tan clara fuerza de la elocuencia no pueden sufrir». Ésta que agora diré fue sin duda la causa; aquí, pues, se aclaró más, aquí mostró no merecer nombre de demasiado lo que así le parece al vulgo, no de soberbio lo que juzga por tal: «Que no solo enseñando al juez, sino provechosa y latina y claramente hablando alcanzó la admiración; y que, así con voces como con aplauso, lo confesará príncipe el pueblo romano; y aquella grandeza, blancura, y gravedad declaró aquel favor. Ni diciendo tan desacostumbrada alabanza le seguiría si se hubieran acostumbrado a semejante oración de otros. Y yo creo que los que oían no sintieron lo que hacían, ni su aplauso fue por su voluntad, sino que, locos, no sabiendo el lugar donde estuviesen, rompieron a la pasión desta voluntad.»

Estas suertes de hablar llamaron envidiosos de sus letras hinchazón suya. Mas ¿qué mucho si ofendía la escuridad de su vista la grandeza y resplandor de su oración? Mas, qué le diferenciara, con qué pudo hacerse tan desemejante de los otros, fácilmente nos lo enseña: «Con grandeza, fuerza, ímpetu, composición, adorno ¿no se levanta en lugares?; con figuras se huelga, con traslaciones resplandece». Esto merece, acerca de los hombres doctos, renombre de grande; de los que no lo son demasiado, de desvanecido lo que es alto por su estilo, y lo que por sí es fuerte de temerario; y así en las demás cosas. Y será la razón sin duda: «Porque tan clara fuerza de elocuencia no pueden sufrir». El mismo que nos ha prestado las verdades arriba dichas nos lo aclara: «La translación o impropiedad, en la cual hay grandísimo adorno, a las palabras no acomoda sus cosas, por lo cual la propiedad no al nombre, sino a la fuerza de significar pertenece; ni por el oído, sino por el entendimiento se ha de ponderar».

Mal quien lo tuviere impedido, o por natural falta, o por su demasiado descuido, entenderá la fuerza de una traslación, cuyo juicio, como habemos visto, se le niega al oído. Mal podrá vestirse tan ingeniosa gala entendimiento acostumbrado a tan bárbara desnudez, y desnudez apoderada de tantos y defendida.

Demasiada cosa es —¿quién lo duda?— dirán los que oyeren nuestro discurso tan riguroso destierro de las Musas a todos los que no poseen las buenas letras. Algún lugar merece opinión de tantos, algún lugar tan general consentimiento, ¿cuándo en sus juicios erró el común así? Esa censura ofrecieron al que deseare conocer el orador más eminente.

Confiésolo, y es así sin duda; la juridición conocida posee sobre sus trabajos, por juez lo conocen ellos en sus desvelos. Pero, ¿cuántas veces se levanta? ¿Cuántas veces no le pueden seguir la valentía de la doctrina, la elección de las palabras? ¿No lo confiesa así el lugar citado: «ni su aplauso fue por su voluntad, sino que, locos, no sabiendo el lugar donde estuviesen, rompieron a la pasión desta voluntad»? Tanto a veces lo estimaron, despreciáronlo a veces tanto, que se atreve el maestro de un orador a decir: «La costumbre del hablar, consentimiento de los doctos; como de vivir, de los buenos». Da la razón por el efecto tan ordinario:

«Muchas veces los teatros, y toda la muchedumbre sabemos que hizo aplauso bárbaramente.» ¿Quién no ha conocido esto? ¿Quién no ha desestimado estos pareceres? Así lo siente Cicerón, libro primero De oratore, así en otras partes Quintiliano, así las escuelas, así los buenos juicios; materia de campo larguísimo, a no ser en este discurso tan fuera de mi propósito la ostentación.

Pues si esto vale en el orador, colgado del pueblo, juez de sus virtudes y estudios, ¿cuánto mejor en el poeta, tan exento de sus leyes, tan forastero de su saber y sus palabras? ¿En qué persevera tantas veces Aristóteles? ¿En cuántas repite la necesidad que tienen los buenos versos de huir del vulgo, de despreciar su trato, su lengua? Tres capítulos apenas los ocupa en otra cosa. «Será claro si fuere humilde, sea el ejemplo de Cleofonte; y este lenguaje de reverenciar y que desea de todo punto cualquiera cosa plebeya huir usa de vocablos peregrinos. Llamo "peregrino" variedad de lenguas, translación, extensión, y todo lo que es ajeno de propio.»

Contentárase alguno —¿quién duda?—, por contentar su opinión y defender su propósito, con decirle es bastante el ser claro, ser virtud ésta, y ésta satisfacerle a su gusto y a la opinión de muchos. Engaño cierto no pequeño. Si en el orador merece un nombre digno de unas humildes esperanzas, en el poeta lo será de viciosas. Veamos ¿quién lo confiesa así en el orador? Marco Fabio, cap, 3: «Porque de los que hablan emendada y claramente es pequeño el premio, haber más parecido carecer de vicio que alcanzar alguna virtud». Virtud humilde y pequeña en el orador, aquí lo vemos; pues vicio no humilde y pequeño en el poeta, aquí se verá más claramente:

ludicis argutum quae non formidat acumen,
haec placuit semel, haec decies repetita placebit.

La cosa que no teme juicio agudo
del juez, ésta agrada y agradará
una vez y diez veces repetida.

Da la razón sin duda.

Sic animis natum inuentumque poema iuuandis,
si paulum summo decessit, uergit ad imum.

Nacido así, y hallado para el ánimo
deleitar el poema, si no a sumo,
vino a ser muy humilde.

¡Qué bien —mas ¿cuándo no?— Aristóteles les enseñó la agudeza que había menester la censura del poeta en la que hizo de Esquilo y Eurípides! «Esquilo y Eurípides en hacer el mismo yambo igualmente con ejemplo se muestran.» Aquí deseo más atento al lector: «Porque como esté un solo nombre en lengua no trillada en lugar de propio, tan hermoso pareció como aquél humilde. Pues en Filoctete así habló Esquilo: "De mi pie come la carne figedena". Aqueste en lugar de [esthíei], puso [thoinâtai], epulatur». Para esto desea el agudeza, con estas armas guarnece al poeta Horacio, para que no rehúse la censura del juez agudo y docto. Mas ¿quién duda nos opondrá alguno haber dicho el mismo Horacio:

Nacido así, y hallado para el ánimo
deleitar el poema?

Dirá a mi parecer: «No lo deleitará con esto, causará cuidado, obligará a trabajo». Es, sin duda, al que la propusiere semejante, mas no a aquel para quien se escribe el poema. En su sátira: «Muchas veces vuelvas el estilo para escribir cosas dignas de leer, ni para que tus trabajos el vulgo maraville, contento con pocos que te lean, ¿o, loco, quieras tú en viles juegos tus versos se reciten?» La razón la calla Horacio, mas no en su libro tercero Cicerón: «Porque el vulgo no de todo punto entiende lo que falta de su perfeción». ¡Qué bien con esto se entiende lo que arriba con alguna sombra dijo Horacio!:

> Y así poco
> a poco fue a lo sumo, vino a humilde.

No le es dado al vulgo juzgar derechamente de la virtud perfecta de una cosa, y todo aquello que fuere perfecto será sumo, y él eso ignora.

Pasemos más adelante: «En cuanto, pues, se entiende, nada piensa que se pasó». ¡Qué bien esto con lo de arriba! Porque juzga no desearse para la perfeción de la cosa semejante nada, «porque el vulgo no de todo entiende lo que falta de su perfeción». Pone el ejemplo muy a medida de mi propósito: «Lo que en los poemas y pinturas acontece, deleitarse los indoctos y alabar lo que no merecía alabarse». Pues ¿quién nos alabará eso? ¿Qué jueces serán de nuestra causa? ¿A quién deleitarán nuestros trabajos? Aquí escogió el Poeta los jueces:

> Plotius [et] Varius, Maecenas Vergiliusque,
> Valgius et probet haec Octauius optimus atque
> Fuscus et haec utinam Viscorum laudet uterque!

Trae otros el mismo poeta; pero a tantos si, pocos más ¡qué importa!, arriba no nos acordamos. Dijo Marco Fabio: «Yo llamaré la costumbre de la plática, el consentimiento de los doctos; como de vivir, de los buenos».

Bonísimamente aquesto Antímaco, y aprobado de Cicerón en su Bruto. Desampararónle leyendo una obra suya (es de notar que le da nombre de poeta claro), desampararónle, como digo, los oyentes; alegróse el ilustre poeta: «Leeré, con todo, eso; Platón uno para mí es por todos». Y añade Cicerón: «El poema, escondido a juicio de pocos; la oración popular al sentimiento del vulgo se ha de mover».

Estos pocos renglones me ha parecido, hermano mío, no podrán ir donde mejor se reciban o donde mejor se defiendan, pues prestará para lo uno la deuda de voluntad, entre hermanos tan justa; y para lo otro, el continuo curso de estudio. No me ha parecido ociosa ocupación de algunos ratos, si por tal la juzgaren algunos. Merecido ha este trabajo doctísimos varones; carga ha sido debajo de la cual valentísimos hombres se han trabajado.

No quiero dejar pasar lo que por gloria de los poetas diré, aunque acerca de necios tuvo su ignorancia nota de poca reputación. Creció la envidia con la autoridad del emperador Filipo, que a no poder ser excusado acerca de doctos, peligrara más la grandeza de su nombre que el merecimiento de los poetas. En una ley, pues, del título en que a colegios y profesores de ciencias y artes jubila con mucha razón, pues se atrae al premio con la honra y se añade esperanza a los ánimos, no jubiló los poetas. Excusándose bien su poco favor con que dejó pasar el caso, que no halló proveído en las leyes, pues tan bien no siempre alcanzaron estos premios los que justamente por sus letras los merecieron. ¿Qué cosa de más deleite que la Historia, de mayor necesidad, de mayor gloria? No jubiló, pues, tampoco la ley a los historiadores. Los poetas, pues, con aventajada virtud, dignos dél tanto de mayor alabanza, cuanto cosas por sí de apetecer sin provecho particular, por sí ilustres escogieron; bastó merecer y que en ellos la razón hiciese ley por su merecimiento. Dejóse a cualquiera poeta su gloria por premio; así ya que no en general, en particular debió contentarse cualquiera de haber alcanzado en fama lo que mereció por ciencia. Por eso a Homero, maestro común, bastantes a ser autores por causa pública, Aristóteles y Platón, tanto respetaron.

Injusta cosa me pareció personas ser (que merecieron oír de aquel milagro de la antigüedad, Platón, en su Lysis, Vel de amicitia: «Éstos nos son como padres, y capitanes de la sabiduría») entregados a las manos del vulgo, y tan natural (descuido notable de los buenos ingenios) en ellos ya esta juridición, que ha sido menester anden de por medio las opiniones de tan graves autores, los efectos o frutos de tan cuidadosos estudios como los suyos. Será para mí notable lisonja tengan estas hojas por término las paredes de casa, pues, sin duda, me atreveré a firmar digo, de parte de mi discurso, estas palabras:

Non ego, nobilium scriptorum auditor et ultor,
grammaticas ambire tribus, et pulpita dignor.

No, vengador y oyente de los nobles
escritores, me digno andar corrillos
ni púlpitos buscar de los gramáticos.

Da la razón escrita:

«...pudet recitare et nugis addere pondus»,
si dixi, «rides», ait, «et Iouis auribus ista
seruas; fidis enim manare poetica mella
te solum, tibi pulcher».

«Vergüenza es recitando añadir peso
a las burlas» si dije, «Ríes», y dice
«De Júpiter aquesto a los oídos
guardas; pues es de crédito, manaron
poéticos panales a ti solo,
a ti, hermoso».

¡Qué de veces oirán estos pocos renglones, y estas palabras en romance, y quizá con tantos bríos como lo teme quien me obliga a proseguir! ¡Efecto bien natural intentar suplir con las manos los descuidos de la razón! Bien sabrá mi hermano ser elocución acerca de los romanos, con que manifestaban el fisgar algo disimuladamente. Así el mismo autor: «Y en parte de la oración, dando lugar a sales oratorias, no de truhanes, honraron también la lengua con el donaire de maldecir decentemente dificultoso; pero a la prudencia del orador y grandeza, que, más por hablar sabiamente que por solo hablar, alcanzó tanta alabanza y admiración, permitido».

Hame movido a vencer la copia destas dificultades, el número de censuras que podrá haber contra este discurso, las buenas esperanzas que puedo prometerme de que tan ilustre lengua como la nuestra, si desigual, ya sea con paz de la latina, no menos copiosa que la toscana, y tan apetecible que puede obligar a esto, por lo que posee de más casto. ¿Por qué, si con manos abiertas nos enriquecen de tan gallardas palabras, tan sonoras, tan suaves, tan ajenas para los lugares que se desean de todo aquello que es falta de dignidad y señorío, hemos [...] por olvido de nuestra diligencia, por la falta de nuestro cuidado? Ya que en la dicha no lo fuimos, pues nos cayó en suerte lenguaje no menor que el suyo, ¿por qué, como digo, hemos de serlo por nuestro sueño, si tenemos casi tan escogidas palabras como tuvo Virgilio? ¿Por qué nuestra industria y nuestro trabajo no nos ha de meter en posesión de tan buenas sentencias, tan agudas impropiedades y de todo aquel (digámoslo así) mueble necesario a recebir en sí tan ilustres dueños como las Musas? Lugar nos ha quedado.

Salióle dichosísimamente a Ennio tan atrevida dicha; ocupó lo que le dio lugar su edad. Virgilio no conoció en su profesión primero; Horacio, Propercio (pues entre los encendidos deseos de su Cintia no se olvidó de intentar nuevo camino), todos estos competidores de la lengua griega procuraron imitar, y sucedióles con felicidad dichosísima a su lenguaje romano aquella galantería extranjera. ¿Fue esto áspero a los que lo oyeron? ¿Fueron poco recebidos los que lo intentaron? No, por cierto. Sus obras nos lo dicen, su fama nos lo predica. ¿Nosotros, pues, porque en esto no iguales, reconocémosles ventaja? ¿En sus vitorias penetraron sus banderas a poder de valor y manos a donde las nuestras no hayan puesto victoriosamente sus armas? ¿Por qué en estilo nos hemos de conocer menores? ¿Por qué, si el Poeta dijo «Te quoque dignum finge Deo», «De Dios te finge digno», hemos de estrechar tanto nuestro pensamiento que no sea capaz deste consejo? Esto me parece que basta, y adiós, hermano.

Libros a la carta

A la carta es un servicio especializado para
empresas,
librerías,
bibliotecas,
editoriales
y centros de enseñanza;
y permite confeccionar libros que, por su formato y concepción, sirven a los propósitos más específicos de estas instituciones.

Las empresas nos encargan ediciones personalizadas para marketing editorial o para regalos institucionales. Y los interesados solicitan, a título personal, ediciones antiguas, o no disponibles en el mercado; y las acompañan con notas y comentarios críticos.

Las ediciones tienen como apoyo un libro de estilo con todo tipo de referencias sobre los criterios de tratamiento tipográfico aplicados a nuestros libros que puede ser consultado en Linkgua-ediciones.com .

Linkgua edita por encargo diferentes versiones de una misma obra con distintos tratamientos ortotipográficos (actualizaciones de carácter divulgativo de un clásico, o versiones estrictamente fieles a la edición original de referencia).

Este servicio de ediciones a la carta le permitirá, si usted se dedica a la enseñanza, tener una forma de hacer pública su interpretación de un texto y, sobre una versión digitalizada «base», usted podrá introducir interpretaciones del texto fuente. Es un tópico que los profesores denuncien en clase los desmanes de una edición, o vayan comentando errores de interpretación de un texto y esta es una solución útil a esa necesidad del mundo académico.

Asimismo publicamos de manera sistemática, en un mismo catálogo, tesis doctorales y actas de congresos académicos, que son distribuidas a través de nuestra Web.

El servicio de «libros a la carta» funciona de dos formas.

1. Tenemos un fondo de libros digitalizados que usted puede personalizar en tiradas de al menos cinco ejemplares. Estas personalizaciones pueden ser de todo tipo: añadir notas de clase para uso de un grupo de

estudiantes, introducir logos corporativos para uso con fines de marketing empresarial, etc. etc.

2. Buscamos libros descatalogados de otras editoriales y los reeditamos en tiradas cortas a petición de un cliente.

www.ingramcontent.com/pod-product-compliance
Lightning Source LLC
Chambersburg PA
CBHW031943070426
42450CB00006BA/866